AMBULANCE

DE LA

RUE DE GRENELLE-SAINT-HONORÉ, N°. 29,

ET

SOUSCRIPTION

POUR LES BLESSÉS DE LA JOURNÉE DU 29 JUILLET.

RAPPORT DU SECRÉTAIRE,

PRÉSENTÉ A LA COMMISSION DE L'AMBULANCE ET SOUMIS

A L'AUTORITÉ MUNICIPALE.

MESSIEURS,

TÉMOINS des maux d'une guerre civile dont l'ignorance et le fanatisme n'ont pas craint de donner le signal, je n'aurai pas besoin de vous en retracer les horreurs : vous avez vu couler le sang français, vous l'avez étanché; vous avez vu ces nobles blessures, toutes reçues par devant; vous avez admiré l'énergie avec laquelle les défenseurs de la liberté supportaient les souffrances les plus cruelles, et l'impatience de ceux qui, atteints de blessures moins graves, attendaient qu'ils fussent pansés

sés pour retourner au combat; vous avez vu aussi le découragement des malheureux défenseurs de la tyrannie, tout étonnés de recevoir de vous des soins fraternels, et se reprochant d'avoir cédé un instant à un prétendu point d'honneur et aux séductions d'un pouvoir fratricide.

C'est en présence de tels événemens, qui se passaient, le 29 juillet, pour ainsi dire à votre porte, que vous n'avez pas hésité à l'ouvrir à vos braves concitoyens qui combattaient pour la patrie, sans aucun espoir de récompense et pour le seul amour de la liberté! C'est en présence de tels évènemens, qu'oubliant le danger que vous pouviez courir et votre sûreté personnelle, vous ne vous êtes occupés qu'à transformer votre maison en Ambulance, à prodiguer vos soins et vos secours aux blessés qui se succédaient d'une manière effrayante.

Sur l'offre de services qui vous fut faite par les docteurs Robion et Jacob Bouchenel, et accueillie par vous avec transport, un matériel fut aussitôt improvisé pour recevoir, panser et transporter les blessés dans les hôpitaux (1); des matelas, des

---

(1) Je citerai, parmi les locataires de l'hôtel et du passage Véro-Dodat, qui ont le plus contribué à l'établissement de l'ambulance et qui ont fourni abondamment et avec empressement les choses nécessaires :

M. Hébert, pharmacien, qui a fondu toute la matinée des balles pour les combattans, et donné tous les articles de pansement.

draps et du linge furent offerts et apportés de toutes parts (1).

Je mis alors mes presses à votre disposition, et

M. Degas, qui organisa le service du transport et aida constamment aux pansemens.

M. Jeanne, comme caissier de l'ambulance, ainsi que ses fils qui inscrivaient les noms et les adresses des blessés, et ont passé ensuite, près d'eux, une partie de la nuit.

M. Jullian qui, en faisant une quête pour les premiers frais d'établissement, a donné l'idée de la souscription, et était bien éloigné de se douter que l'ambulance à la formation de laquelle il travaillait, allait, dans quelques instans, recevoir son frère, M. Camille Jullian, blessé au poignet à la prise du Palais-Royal, en combattant à côté de M. Chapuis.

M. Dalcr, pour les visites aux domiciles des blessés, la distribution et le paiement des secours.

MM. Regnier et Renault qui, le 29 juillet et toute la journée du 30, ont tenu des troncs à la porte de l'hôtel.

M. Beuck, qui donna plusieurs de ses chemises pour les blessés.

M. Joyau, qui a aidé à la formation d'une barricade.

MM. Sauvage et Philibert qui ont constamment secouru les blessés, et donné à boire aux combattans.

Le jeune Auguste Duchêne, qui a posé une partie des affiches et rendu ensuite des services au bureau de l'ambulance et pour les informations.

Et MM. Duchesne, Moireau, Teste, Rebeilleau, Lafontaine, Waré, Gausser, Courbec, Vallon et Richard.

(1) Plus de six cents livres de linge et de charpie, outre ce qui avait été employé dans l'ambulance, ont été portées au bureau central des hospices.

un grand nombre d'affiches, placardées dans tout le quartier et aux lieux mêmes du combat, annoncèrent qu'à l'hôtel Vero-Dodat, on pansait et secourait les blessés.

Bientôt le docteur Bocquet vint avec empressement se joindre à ses deux collègues et prodiguer ses soins avez zèle et discernement (1).

Plusieurs élèves de l'École de Médecine (2) of-

---

(1) M. Bocquet ne demeurant pas dans l'hôtel, n'a pu, comme MM. Jacob et Robion, panser les blessés qui y sont venus depuis le 29 juillet ; mais nous avons la certitude qu'il a constamment et généreusement donné ses soins à tous ceux qui se sont présentés à son domicile ou qui l'ont appelé. Lui et ses deux collègues ont prodigué au brave Lamy, qui avait été reçu à l'ambulance et ensuite transporté en face, à l'hôtel des Empereurs, tous les secours de leur art, avec un intérêt vraiment fraternel ; et c'est au moment où ils espéraient le sauver qu'ils ont eu la douleur de le perdre. On peut dire que ce grand citoyen n'a dû qu'à leur soin la prolongation de son existence, et la satisfaction de voir qu'il n'avait pas en vain versé son sang pour sa patrie !

Cet homme recommandable, dont on ignorait alors la parenté avec le généreux défenseur des Hellènes, reçut aussi de madame Fleury, de Lille, qui habitait l'hôtel, les soins les plus touchans ; mais rien ne pouvait le sauver : la chevrotine dont il avait été frappé fut, lors de l'autopsie, trouvée dans les poumons.

(2) MM. Gohierre Lonchamps fils, l'un d'eux, passa la nuit dans l'hôtel pour soigner les blessés qui y étaient restés.

frirent aussi leurs services et participèrent aux pansemens avec beaucoup d'intelligence ; plus tard le docteur Piorry se rendit également à l'Ambulance.

Toutes les dames de la maison, vous le savez, se mirent aussitôt à faire de la charpie, à préparer des bouillons et des rafraîchissements, distribués ensuite par les locataires qui n'étaient pas occupés aux pansemens, à relever ou à transporter les blessés ; ce fut une femme (1) qui, à genoux sur la paille mouillée, ne cessa, pendant cinq heures, d'étancher le sang qui coulait abondamment de l'horrible blessure du malheureux Maréchal.

Vos femmes et vos filles, je dois le dire ici, furent sublimes et se montrèrent aussi dignes de nos respects que de nos hommages (2).

Le brave Chapuis, sans cesser de combattre à la tête de ses concitoyens, avec lesquels il entra dans le Palais-Royal, organisa le transport des blessés qu'il relevait au milieu du carnage ; ceux qui ne purent être transportés chez eux ou dans les hôpitaux, le furent au n° 45 de la rue de Grenelle, chez

---

(1) Françoise Carbonneau, domestique dans la maison.

(2) Parmi les dames qui ont montré le plus d'empressement, nous citerons madame la baronne Millet et sa demoiselle, mesdames de Belle-Croix, Joyau, Jacob Bouchenel, Sauvage, Philibert, Jullian, Duchêne, Moireau, Boisseau, mademoiselle Rebeilleau, et madame Lecoq qui pansa elle-même les blessés.

Nous mentionnerons ici la conduite admirable tenue par madame Michalet à l'ambulance de la rue de Grenelle ;

M. Michalet, qui rendit alors les plus grands services, en disposant la belle salle de Tivoli d'hiver
pour recevoir les blessés et leur faire passer la nuit
à couvert (1).

Saint-Honoré, n° 45. Cette dame , après s'être exposée aux
balles , pour se rendre de la Cour des Fontaines, où elle
demeure , à son autre local , a constamment, pendant
trente-six heures , pansé et soigné les blessés , et n'a, pour
ainsi dire, pris aucun repos tant qu'il en est resté chez elle.

Nous avons appris qu'elle leur a ensuite porté et qu'elle
leur porte encore des bouillons et des rafraîchissements
dans les hospices où ils se trouvent.

(1) Plus de 150 blessés ont été reçus et soignés dans
cette Ambulance. MM. les docteurs Brunet, Dubois et
Gendrin offrirent leurs services avec empressement, et
donnèrent aux blessés, pendant plusieurs jours, les soins
les plus assidus. Un jeune docteur en médecine, M. Emile
Bernard, se présenta aussi et y passa la nuit ; et M. Valette,
pharmacien, fournit généreusement les objets nécessaires
aux pansemens.

Le surlendemain, 31 juillet, M. Michalet a distribué des
soupes grasses, du bouilli, du pain et du vin aux blessés
et aux ouvriers sans ouvrage.

J'ai moi-même fait et posé dans tout le quartier des affiches pour annoncer cette distribution, qui fut continuée
pendant six jours, et qui doit lui avoir, avec les frais de
l'Ambulance, causé une dépense d'au moins 400 fr.

Cette distribution a été faite avec tous les égards dus à
des hommes qui se sont conduits d'une manière si glorieuse
et si honorable : des tables ont été dressées, des siéges don-
nés, et tout s'est passé convenablement.

J'ai cru devoir rapporter ici des faits si honorables pour

Rien ne fut négligé, tout se fit avec le plus grand ordre ; les opérations pour les blessures graves ne furent pratiquées par l'un des Médecins qu'après avoir pris l'avis des autres Docteurs.

Non contens de ce que vous veniez de faire pour vos concitoyens, vous ouvrîtes alors une Souscription en faveur des blessés dont l'honorable indigence était facile à apercevoir. Des troncs, placés à la porte et confiés à mes soins, produisirent, avec vos offrandes et celles de généreux étrangers, le 29 juillet, une somme de 2,239 francs, et le lendemain une autre de 2,198 francs ; les jours suivans, la recette, continuée dans l'hôtel, éleva le total à la somme de 5,922 francs. Ce résultat a été constaté en présence de nombreux témoins, et les sommes ont été vérifiées à mesure de leur versement entre les mains de M. Jeanne, régisseur de l'hôtel.

Aussitôt après l'évacuation des blessés, je crus qu'il était de mon devoir de prendre des renseignemens sur la situation de chacun d'eux. Le 1er. août vous

---

les citoyens que je viens de citer, d'autant que cette opération se trouve essentiellement liée à la nôtre, M. Michalet nous ayant adressé toutes les personnes qui venaient avec empressement apporter leur offrande.

Tous ces faits, d'ailleurs, ont été constatés par notre excellent commissaire de police, M. Basset, qui non-seulement a souscrit et nous a secondé dans nos efforts, mais encore a distribué un grand nombre de pains aux ouvrier sans ouvrage.

vous constituâtes en société (1) , je vous fis mon
rapport, et je fus autorisé par vous à distribuer, en
mandats sur la caisse, une somme de 901 fr. 50 c.
à ceux dont la situation vous était connue. C'est
ainsi que, dans six assemblées successives, vous êtes
parvenus à distribuer, avec justice et discernement,
une somme de 3330 francs, ainsi qu'il est constaté
par les procès-verbaux que je vous représente.

Votre intention, en élevant cette Souscription, était
d'en distribuer immédiatement le produit, comme
secours provisoire, aux blessés que vous aviez soignés, que vous aviez vus souffrir sous vos yeux, pour
leur donner les moyens d'attendre ceux de l'autorité. Principaux Souscripteurs, vous aviez le droit
d'agir ainsi; cependant vous aviez cru devoir com-
muniquer votre travail à l'autorité municipale.
Chargé par vous de cette démarche, je me rendis à
la Mairie, où je communiquai à MM. Cadet de Gassicourt et Viguier fils l'objet de votre demande, et
sollicitai leur approbation.

Il me serait difficile de vous exprimer avec quel
empressement, avec quelle satisfaction cette com-
munication fut reçue par ces honorables citoyens,
qui ont rendu dans ces momens critiques de si im-
portans services. Non-seulement ils approuvèrent
tout ce qui avait été fait, mais encore ils voulurent
se joindre à vous par une utile coopération, en dis-

---

(1) Sous la présidence de MM. Véro et Dodat, proprié-
taires de l'hôtel.

ĩribuant des mandats sur votre caisse aux blessés du 4ᵉ. Arrondissement, mandats que, par votre ordre, je mis successivement à leur disposition, et qui montèrent à la somme de 1,500 fr. Vous avez pensé avec raison que la somme totale de la souscription étant très-forte, il convenait d'étendre le cercle de la distribution des secours.

Les comptes, dont vous trouverez le détail ci-joint, apurés, il vous reste encore disponible ou à payer, une somme de 939 fr. 40 cent., qui, d'après votre précédente délibération, restera en réserve pour les blessés les plus nécessiteux et ceux dont on n'a pu encore retrouver la trace.

Ces comptes vont être présentés, en votre nom, à l'autorité municipale, avec les pièces à l'appui.

Il me reste à vous rendre compte de la conduite vraiment méritoire et digne d'éloges des docteurs Robion et Jacob Bouchenel; ils ont constamment, jusqu'à ce jour, continué leurs soins non-seulement à nombre de blessés pansés le 29 juillet dans la maison, mais encore à tous ceux qui ont été envoyés par la Mairie ou qui se sont présentés; ils sont allés les visiter chez eux et dans les hospices.

« J'ai toujours remarqué avec admiration, me » disait l'un d'eux (1), oubliant ses fatigues, que » lés grandes blessures inspirent une juste fierté à » ceux qui les ont reçues, et leur font éprouver, au » milieu même des douleurs qu'elles causent, une

---

(1) M. Robion.

» sorte de satisfaction facile à concevoir , mais bien
» difficile à dépeindre. »

J'éprouve ici le besoin de venger nos glorieux
blessés des outrages de quelques misérables; trop
lâches pour s'être mesurés avec eux, ils cherchent
aujourd'hui à jeter de la défaveur sur ces hommes
respectables. Les nombreuses relations que j'ai eues
avec eux doivent donner du poids à mon témoi-
gnage. Eh bien! je le déclare, presque tous ceux
que j'ai vus sont des ouvriers honnêtes, laborieux,
estimés de leurs chefs et de leurs voisins, ou de
respectables pères de famille qui n'ont pas craint
de sacrifier leur avenir et celui de leurs enfans pour
coopérer à la conquête de la liberté..... Honneur
leur soit rendu!

Après avoir secouru provisoirement nos intéres-
sans blessés, j'ai pensé qu'il était digne de votre
philanthropie de constater d'une manière authen-
tique leurs droits à la reconnaissance de la France
et de leurs concitoyens.

J'ai donc établi un bureau à cet effet. Tout en
faisant valoir leurs nobles actions, j'ai cherché, autant que possible, dans ce travail, à éviter toute
exagération, à être vrai avant tout, et je n'ai délivré
de pièces justificatives et apposé mon visa qu'après
avoir fait constater leurs blessures par les Médecins
de l'Ambulance.

Plus de cent trente certificats ont été ainsi dé-
livrés aux blessés, transmis à la Mairie du 4ᵉ. Arrondissement, ou à la Commission nommée pour

la distribution des récompenses nationales à ceux qui se sont distingués dans la grande semaine.

Tel est le résumé de l'opération essentiellement utile que vous avez entreprise, et de l'exécution de laquelle vous avez bien voulu me charger. Tous, vous avez montré le meilleur esprit; tous, vous avez bien mérité de vos concitoyens. Il me serait impossible d'énumérer les services que vous avez rendus; aussi me suis-je contenté de citer ceux qui m'ont le plus frappé, et de signaler vos noms à l'estime publique, trop heureux d'avoir pu vous seconder dans vos nobles efforts!

Paris, le 15 Septembre 1830.

Le Secrétaire-Rapporteur,

SÉTIER,

Imprimeur-Libraire.

LISTE DES PRINCIPAUX SOUSCRIPTEURS.

MM. Véro et Dodat. . . . , ... 500 fr.
Un étranger. 500
M. Mala, ancien avoué. 210
M. Véro, charcutier. 100
M. Deschamps, rue Croix-des-Petits-Champs,
n°. 5. 100
M. Zallony, médecin, à Marseille. 80
M. Pasteur. 50
M. Deschamps, architecte. 50
La baronne Millet, sa demoiselle et son fils. . . 50
M. Cadet de Gassicourt, maire du 4°. Arrondis-
sement. 20
M. Basset, commissaire de police 20
M. Boudin, avoué. 20
M. Barbeau. 20
M. Bocquet, docteur en médecine. 20
M. Jacob Bouchenel, docteur en médecine. . . 20
M. Rabbe. 20
M. Frye, major anglais.. 20
Madame Desvignes et Mademoiselle Didier. . . 40

M. Valette, pharmacien, en médicamens et objets de pansement. 70
M. Hebert, pharmacien, *idem*. 40
M. Sétier, en impression pour le service de l'Ambulance et de la Caisse. 60

SOUSCRIPTION POUR LES BLESSÉS.

RECETTE.

Le 29 juillet.. . . . . 2,239 f. » c.
Le 30. . . . . 2,198 »
Du 30 juillet au 1er. août. 1,373 40
Au 4 août. . . . . 67 »
Le 5 août. . . . . 20 »
Au 20 août. . . . . 25 »

TOTAL. . . . . 5,922 f. 40 c.

ALLOCATIONS

FAITES AUX BLESSÉS DONT LES NOMS SUIVENT.

MM.	FRANCS	MM	FRANCS
			Report : 1150
Aintze.	30	Desprez.	70
Alibert.	15	Deville.	15
Andriot.	10	Dominique.	10
Angelvy.	50	Dubray.	20
Bagnolles.	60	Ducrot.	5
Baret.	30	Duluc.	70
Bellot.	10	Dumotroti.	10
Bertrand.	10	Duruflet.	5
Bocquet.	20	Fontaine.	50
Boncompagnon.	25	Foy.	25
Bonnet.	20.	Fribourg.	70
Bouin.	10	Frœlicher.	10
B***.	100	Gentien.	50
Bouvereau.	15	Goldstein.	20
Brossolette (Veuve).	50	Grenier,	75
Bunet.	15	Gruesse,	10
Carsemiglia.	100	Hali Hamett.	50
Cerf.	10	Héroghier.	70
Cha*****.	15	Itier.	10
Charpin.	25	Janin.	30
Chereau.	50	Jouillé.	20
Chinardet.	10	Kaffer.	10
Citerne.	70	Kingold.	20
Clément.	30	Lafosse.	20
Couder (Veuve.)	50	Lalox.	10
Couve (Veuve).	70	Lamel.	5 0
Crépin.	80	Lamarre.	50
Daisay (Veuve).	50	L***.	100
Dangers.	50	Langolf.	15
Darest.	50	Lapotaire.	20
Delamarre.	20	Launoy.	10
	Total : 1150		Total : 2130

MM.	FRANCS
Report :	2130
Legoux (Au père de).	60
Leroy.	50
L'homme.	15
Lisibia.	10
Lisima.	10
Maçon.	20
Maillet.	40
Maubrey.	30
Meyer.	50
Millet.	20
Moreau (Jean).	60
Moreau.	20
Morizot.	10
Mouzeler (Madame).	40
Nancy (A la famille).	50
Pacaud.	50
Perraudin.	100
Personné.	10
Pierrat.	15
Planque.	50
Rabut (Veuve).	50
Renaud.	25
Renaudière.	10
Sermet.	10
Thibault.	10
Tricard.	10
Triouillers.	30
Valto.	50
Vannier (A la famille)	100
Verdier.	10
Versigny.	10
Vidolin.	50
Viguon. (A la famille)	50
Total :	3215

MM.	FRANCS
Report :	3215
Wuiliomiez.	105
Cinq soldats blessés.	10

Mandats mis à la disposition de la Mairie du 4e. arrondissement de Paris et distribués par elle.

Le 4 août :	
50 mandats de 3 fr.	150
10 mandats de 5 fr.	50
Le 5 août :	
100 mandats de 5 fr.	500
Le 6 août :	
100 mandats de 3 fr.	300
Le 11 août :	
100 mandats de 5 fr.	500

FRAIS D'AMBULANCE.

Commissionnaires qui ont porté les blessés.

Picard et Cusset.	10
Bousquet et Cordier.	10
Nicolas et Rispal.	20
Aux trois frères Remy.	30
Bulet.	10
Martin et Fourcade.	25
Couard.	10
Maréchal.	10
Port de linge.	3
M. Hebert, médicamens depuis le 1er août.	25
Total :	4983

Recette. . .	5922 f.	40 c.
Dépense . .	4983	
Reste en caisse	939	40

VILLE DE PARIS.

MAIRIE DU QUATRIÈME ARRONDISSEMENT.

Nous avons reçu et vérifié avec la plus vive satisfaction, le compte rendu par M. Sétier, de l'ambulance établie rue de Grenelle-Saint-Honoré, n°. 29, et des secours distribués sur les fonds d'une souscription qui a pourvu à nos premiers et à nos plus urgents besoins. Nous nous abstiendrons d'exprimer ici tous les sentimens dont nous a pénétrés la conduite généreuse de citoyens qui trouveront leur plus douce récompense dans la conscience d'avoir été utiles à leurs braves compatriotes.

Ils ont bien mérité de la patrie et en particulier du quatrième arrondissement de Paris.

Fait à la Maire, le 16 Septembre 1830.

A̲uguste VIGUIER,

Adjoint.

LISTE

DES BLESSÉS PANSÉS

A L'AMBULANCE,

QUI SONT MORTS DES SUITES DE LEURS BLESSURES.

Borde, commis-libraire, rue du Bouloy, n°. 10.

Bourgouin, rue de la Petite-Villette, n°. 18.

Lamy, homme de lettres.

Legout, peintre en bâtiment, Vieille rue du Temple, au coin de celle de la Bretonnerie.

Maréchal, ancien militaire.

Nancy, ébéniste, rue Lenoir, n°. 18.

Vannier, tonnelier, rue des Vieux-Augustins, n°. 6.

Vignon, paveur, rue Mouffetard, n°. 92.

Vivier, ancien commissaire des guerres, rue Saint-Jacques, n°. 134.

Imprim. de SÉTIER, rue de Grenelle-St.-Honoré, n. 29.